기·행·시·집

만나고 나누고

박병욱 지음

비움과 채움

차 례

Ⅰ. 기행, 서정

팔당 1 ······ 8
팔당 2 ······ 9
양수리 ······ 10
이포나루 ······ 12
강촌일기 ······ 14
단양행 ······ 16
단양 1 ······ 17
단양 2 ······ 18
단양 3 ······ 20
단양 4 ······ 21
단양 5 ······ 23
단양 6 ······ 24
단양 7 ······ 25
루어낚시에 대한 변 ······ 26
영월 1 ······ 27
영월 2 ······ 28
동강 ······ 29
주천 1 ······ 30

주천 2 ······ 31
주천 3 ······ 33
화천 1 ······ 35
화천 2 ······ 37
화천 3 ······ 38
아! 황천골 ······ 39
양양 1 ······ 41
양양 2 ······ 42
서화리 1 ······ 43
서화리 2 ······ 44
서화리 3 ······ 46
산북천 ······ 47
금강 1 ······ 48
금강 2 ······ 50
금강 3 ······ 51
용유도 다녀와서 ······ 53
바다 1 ······ 54
바다 2 ······ 55
바다 3 ······ 56
바다 4 ······ 58

아무도 밟지 않은 …… 60
남도 1 …… 61
남도 2 …… 62
박쥐사냥 …… 64
욕지도 1 …… 66
욕지도 2 …… 67
연화도 …… 68
단동에서 …… 70

Ⅱ. 염원, 감성

그 강을 건너고 싶다 …… 74
착각 …… 76
다짐 …… 77
춘향과 방자 …… 78
찬가 …… 79
이별이란 …… 80
실연 …… 81
현혹 · 집착 …… 82
존재라는 …… 83
욕망과 사랑은 …… 84
사랑 절실할 …… 86
추석 전야 …… 88

Ⅲ. 종교, 자연 등

우주나무 ······ 92
가을 사생 ······ 94
쏘가리 ······ 95
별 · 바람 · 강 ······ 97
거미 1 ······ 98
거미 2 ······ 99
자목련 ······ 101
새 ······ 102
새와 나무 ······ 103
필연 ······ 104
나무 1 ······ 105
나무 2 ······ 106
가을산 ······ 107
단풍 1 ······ 108
단풍 2 ······ 109
비우는 멋 ······ 110
황금산 ······ 111
줄 서야만 ······ 112
북어 ······ 114

I 기행, 서정

팔당 1

– 장벽

은구어 까맣게
상류 거슬러 오르는
쫓고 쫓겨 온통
황홀경 물 튀는
소리 사라지고

댐 막고 서
모천母川 꿈에나
장어 축 처져
침묵하며
되돌아갈 밖에

그물 없어도
악동들 손발로
한 양동이 너끈히
은은한 수박 향
맛볼 날은

팔당 2

배알미동 강가
기암괴석 무수히
저마다 독특하고
가라앉은 돌이
어렴풋하여
어울려 멋지다.

소년 다가와
들려주는 속삭임은
모래밭 지나
돌무지 곁에
수양버들 외로이
지친 영혼
쉴 만한

양수리
- 겨레는 하나

금강산 금대산* 떠나
고향 마을마다 보듬어
설화 사연 남기고
수난 굴곡의 역사 지켜본
양서면 두물머리 이르러
마침내 한강
이루매 반세기 넘은
아픔 너그러운 아리수로
씻어버리자

아직도 이념 고집하는
광신도나 권력 중독된
자들아 돌아보고 또
돌아보라! 포성에 놀라
계곡 으슥한 얼음 바닥
잔뜩 움츠린 산천어를
심장 터질 통곡의

벽 막혀 발개진

피붙이 열목어를

* 최근에 남한강의 발원지는 금대산 제당궁샘으로 밝혀졌음. 이를 따른다.

이포나루

나루 황포돛 사라지고
상륙용 주정 코앞 오가는
수심 있어 제법
푸른 빛 띠어 수줍은
호박돌 다소곳이
만져 보고 거닐던
금싸라기 모래
자갈 마구 파헤쳐

강상면 강하면 익히 들은
울창한 숲 반달곰 나타나곤
기슭 민가 두엇 낮게
엎드려 한겨울 꽁꽁 얼면
귀마개 방한모 눌러쓰고
시린 손 불어대는
발그레한 소년 건너가
통나무 끌고

이포의 큼지막한 첫
금린어* 모두 함성을
너럭바위 까치독사 엉겨
집적거려 약 올리기도
추억들 가물가물하여
개발한다고 다리 놓고
도로 포장하고 왁자지껄
사람 냄새 물씬
주막거리에 카페
호텔 들어서

* 쏘가리의 별칭.

강촌일기

– 아마존

독버섯 퍼지듯
속고 속여 팔고
달아난 산마루 가까이
카페 피아노는
그친 지 오래

한여름 끈적거리는
건너 민박집 어둑하여
여인치고 불거진
팔뚝 살기 넘쳐
망설임 없이 움켜잡고
토끼야 미안해

주인공 줄담배 태며
텔레비 켜지 마라
중간 박수 쳐라
무용담 지루하게

시간은 거꾸로 머저리
남정네 셋 두려워서
숨소리만

지우려 해도
자꾸 핏물
강 아른거려

단양행

십승지 가운데 손꼽히는
영춘 담그기 부끄러울
옥빛 강 세월 닮은
바위에 서 있다가
앉고 멀리서
돌로 보이려나.

풀숲 소리 잔털 날려
앙증맞은 흰뺨검둥오리
일렬종대 바싹 붙어
어미 걸음 맞추어라
넓은 세계 나들이하자

흘끔거리고 이리저리
동정 살피고
부지런히 발 놀려대며
홀로서기
아직은

단양 1

– 동화同化

산 겹쳐 신비로운
돌멩이 대구루루
천년 이끼 벗고
연초록 파문 일으켜
하늘 어린 강 해
비춰 희다.

시시각각 변하는
빛깔 홀려
나도 젖어 들면
켜켜이 삶의
더께 물 따라
조금씩
씻겨 나갈까

단양 2
– 북벽

솟구친 거대 돌벽을
장인 내려와 깎고
다듬어 도원경 가리는
병풍으로 천기
드러날까 봐 깊은
골짝 들어가

형제바위 투명 거울에
놀고 가마득히 먼
이야기 귀 기울이는
형상도 벼랑 중간
소나무 처절하게
불굴의
절로 숙여져

광풍 후려쳐 떨어져
나가 찢어지는

다리 아래 푸른색
물빛대로
연초록으로
바싹
숨어 있다.

단양 3
– 사람보다 나은

고기 잘 속아
미끼 물고 당겨
숨 막히는 이윽고 잿빛
표범무늬 아롱진
위용偉容 드러내

옭매려는 폭력과
싸울 등칼 추켜
줄기찬 저항을

동화에 나온
금잉어*가 수돈**인지
낯가리는 성깔 비슷하나
흔적 남길세라 탁본
사양한다.

---

* 쏘가리의 방언. 아마 황쏘가리일 듯싶다.
** 쏘가리의 별칭.

단양 4
– 선의 조화

대지 적셔 쉬지
않고 풍요 나르는
모성의 강 휘돌아
저만치 돌에
백로 뚫어져라
어딘가를

일렁이는 바닥
자갈 흔들려 나지막한
능선들 서로 기대어
릴* 뱅그르르
탄력 받아 줄은
포물선 그리며

---

* 낚싯줄을 풀고 감을 수 있도록 대의 손잡이 부분에 단 기계 장치.

초가지붕 둥근
박 사라지고 각진
맞은편 벽돌집 단아하게
곧든 굽든
일차원 미美
어우러져

단양 5
– 꺽지

종족 상징이든 용기
지녀 긍지 표시든
볼퉁이 동그랗고
선명한 장식 체구는
작으나 단단한
맷집 필요하면
광속도로 달려가

성질 불같아 제
터에 발 들인 큰
적수도 살피거나
두려워하지 않고
돌격! 겨레보다
당찬 터줏대감
볼수록 정겹다.

단양 6
– 채석장

안내판 따라 공장 거쳐
고갯길 가삐 오르니
계단 양상 거대 구덩이가
태초 비밀을
송두리째 뒤흔들며
산산이 찢어발겨
돌이킬 수 없을

깎이고 잘리고
층층 겹겹
억만 년 역사 먼지로
공허함 떠도는
짓누르는 정적뿐 바닥도
삽질 부지런한
일꾼도 트럭도
허연 범벅인 채

단양 7
– 억새 피고 인적 드문

바람 부니
휘청 하느작거려
참고 버티는데
대궁 살살 간질이는
에라, 점점이
꽃 수놓아
자줏빛 유혹하면

단애 나란히
강 휘감고
이끼 검고 푸르러
새벽 농무 촉촉한
숨은 집
별천지라
전원은
그릴 만하다.

루어낚시에 대한 변辨

살기 바쁠수록 공기하고 놀던*
문화 즐겨야 산천 계곡 누비다가
숨겨진 신神의 뜨락 이른 적도
우여곡절 잘 모르나 떠내려 온
씨가 강가 덩굴로 자라 반질대는
무늬 선명한 조막만 한 수박
아직 어리니 제발 손대지 마요
은밀히 소곤거리고 언젠가
디디고 선 벼랑 중턱에서 꿈을
실어 종이비행기 날리듯이
한곳 오래 앉은 낚시보다
돌아다니며 던지는 짜릿하고
재미 쏠쏠하다.

---

* Homo ludens 놀이하는 인간. 우리 민족도 예외는 아니다.

영월 1
– 선돌

어린 희생양 사발에
듣는 피눈물 육지고도
청냉포 한 맺힌
영혼 구천 떠돌다
삭일 수 없는
분노 강 가운데
높이 솟구쳐

하늘 우러러
억울함 사뢰려다
선 채 굳은
큰 바위가 정상
소나무 환한
보름날 북쪽 향해
짙푸르다.

영월 2

– 늦가을 나들이

그윽한 하늘 써늘한
입동수立冬水 담그니
퍼렇게
날이 서
새 여럿 미끄러지고
헤며 사냥 열중하다가
다가가는 기척에
황급히 박차고
멀리 가버려

동강東江
– 무지개송어

사람에 쫓겨
조용한 구석으로
물 잘박하여
바닥 드러나고
돌 가로막아
피 말리는 아픔
헐떡이다가

끝내 의식 잃어
저승 문턱 이르러도
눈빛 맑고 무지개
수의 곱게
잘 때조차 깨어
있어라 엄숙한
영슈인 것을.

주천 1

–자연과의 교감

강가 오솔길에
돌장이 솜씨라기보다
절로 생긴 듯 괴상한
혹 있어 낙타같이
코끼리 같기도
겸허히 숙여

온갖 풍상 겪은
바위 올라타 명당인지
거푸 귀한 소갈이*
끌다 놓치고
올리다 떨어뜨려
흥興 오를 대로

* 쏘갈이의 방언.

주천 2

– 난蘭

파자* 초 · 문 · 동
한옥 남향이므로
동남쪽 그늘진
풀 깎아지른
암벽 틈새 뿌리를
전설**에 맑은 술 대신
순수 먹고
은둔隱遁 학인가.

---

* 한자의 자획을 나누거나 합치는 것. 원래는 그런 놀이를 가리킨다.

** 신분 가려 양반이 가면 약주가 나오고 상놈이 가면 막걸리가 나왔다. 그래서 상놈이 양반처럼 의관을 정제하고 갔는데 여전히 막걸리가 나와, "이놈의 물조차 사람을 차별한다."고 하며 샘을 때려 엎었다는 이야기.

막걸리 값 얻으려고
난을 쳐 세도가 갔다
안긴 석파* 한
그림일 뿐
이슬 촉촉이
풀빛 곧게 벋어
고고한
독선 누리다.

* 대원군의 호.

주천 3
- 무릉도원

서만이강은 섬 안 강이라
푸른 뱀 휘감는 아래
무릉리 위는 도원리 물가 큰
바위 구멍 하늘로의 미로를
비틀며 기어오르니 깎이고
닳고 돌들 인간 군상 같은
기막힌 전망 더불어
풍월주 누렸으면서
선인 노닐었다고 슬쩍
현판에 둘러대다.

서만이강은 섬 안 강이라
마을 안에서 밖으로 다시
안으로 다리 밑 미역 감고
고기 잡고 낮잠 더위 쫓고
날 저무는데 붉은
일품 솔 은은함 취해

길 잃어버려도
좋을 청산 적멸보궁*
호젓하게 마음이
법이런가.

---

* 불상을 봉안하지 않고 부처의 진신사리를 모신 부도와 예배당만 있는 불전佛殿.

화천 1
– 반두질

광덕산 물 맑고 차
고기 있을지 족대 밟자
꾸구리 치고 커 일제히
소리 질러 모래 비비면
타어* 잇따라
애칭 붙은 단골 웅덩이
버들치 서너 번만
오가도 그릇 채워

* 모래무지

접영 몰이꾼과 그물 들
두 명 한 패 비가
억수같이 꼴사납지만
굵은 불거지* 주전자
그득 하천으로 흘러드는
도랑에 바위 구르니
메기 툭 튀어나와
깜짝 놀라

* 조어(鰷魚), 적새어(赤鯉魚)라고도 한다. 산란기에 미적색의 혼인색을 띤 수컷 피라미.

화천 2
– 도마치

멀리 구름바다 흐릿하여
산 뒤에 산 오르는
길바닥 멋대로 불거져 닳아
반질거리는 돌 다닥다닥
등성이 험준하고
고개 높아
새 날다 쉬다
넘으면 적목리지.

좁은 계류 홀로
미유기* 지키는 소와
소 보그르르 기포 일어
등불 달려드는
벌레 안 보여 쾌적한
너럭바위 둘러앉아
물과
하룻밤 정담을

---

* 메기의 일종.

화천 3
– 구만교*

보름밤 화톳불 피워
둥글게 자리한
인간 사랑하는 단군
자손 한마음 되어
풍요 불러

기초만 잘 다져라
완성은 내가 합하여
세운 다리로 갈등과
이념 강 건너
더 이상
구만리 멀지 않다.

---

* 화천군 구만리 소재. 일제강점기에 세워진 다리가 6 · 25 때, 파괴되어 이를 북한에서 다시 짓다가 휴전 이후 남한에서 완성한 것으로 기구한 사연을 지니고 있다.

아 ! 황천골

– 길고 긴 밤

소양호 가을 찾아와
디디면 사암 주르륵
골에 어스레한 달 숨고
라디오 소리 자장가 삼아
아우는 내 침낭으로

어둠 짙어갈수록
별도 생기 잃어
겨울 같은 매서운
후회뿐 언뜻
아차! 황천이라

움푹 팬 돌로
바람막이 새우잠 자는
벗 걱정되어
꼬박 대
던지고 감고

드디어 잿빛 구름
사이 햇살 조금씩
쏟아져 절로 감기는
얼어붙은 새벽을
따뜻이 녹여

양양 1
– 어성전*

기슭 침엽수 빼곡
사방 물 튀는 거센
흐름 유유히 거슬러가는
송어를 바위 건너뛰며
쫓아가니 돌 틈 깊이
불쑥 내민다면
한참 서성이다가

굽이마다 다른 돌고
돌아 웅덩이 속살
보일 푸르러 인간 먼
국선 다녀갔을
법수치리 개울은
겁날 만큼
차갑다.

---

* 어성전 고사古事 : 한 고승이 길을 가며 대변을 보는데 전부 물고기로 변하였다. 그만큼 계곡에 고기가 많다고 해서 붙여진 지명이다.

양양 2
–부연동

하늘 아래 고즈넉이
첫 동네 함석지붕에
연기 피어올라 사람 있고
그저 좋아
높은 곳 산다는
뒤로 하고 내려가는데
숲 우거져 길 겨우
찾아 골짝 타고 흐르는
물과 새
노래 섞여
묘한 화음이 루어*를
달아 던지자
꺽지 문다.

---

* 인조 미끼, 거짓 미끼.

서화리 1
– 환상적인 멋

낭만 넘치던
출렁다리 간데없이
콘크리트 밟고
저녁 강 안 시골다운
안개
정적 뒤섞여

낯선 기척
개 짖어 발자국 멀어지고
물가 창밖은
푸르스름하더니
달 비쳐
파란 밤이다.

서화리 2
– 하천 탐색

모래 자갈밭 거쳐
상류로 돌부처
토박이꾼 귀신 통하는지
낚시 담그면
자가사리* 서넛 바늘마다
대롱거려 인사하고
살림망 드니 어린
장어 죽은 척

새벽 가랑비 아직
어둑어둑 살그머니 나와
대 던지기 반복하여
돌아보니 멀리도
거슬러오다가 넘치는

---

* 동자개. 빠가사리라는 방언으로 더 잘 알려져 있다.

수중보에 아래턱 돌출해
교활한 세상 잔뜩
불만스러운
바디끄리* 만나

---

* 담황색 또는 담홍색의 혼인색을 띤 난폭한 성질을 가진 끄리의 수컷.

서화리 3

– 추억의 편린

거센 비 젖어
옷 벗고 한숨 돌리는데
수완 좋은 벗 이런 날
장떡 먹어야 얻어온 신
김치로 부친 근사한
맛 차례 기다리느라
목 길어져

가지런히 머리 땋아
볼 발개 깨물고
싶은 계집애 쥐어준
잔돈 얼마 울다
얼굴 활짝 펴
고사리 손 흔들며
동구 밖 배웅.

산북천
– 염원

굵직한 꺽지 밭
돌 밟으면 사방 내달아
산천어 만나러
처벅거리며 상류로
산 모양의
수석 그림자가
길 막고

한과 슬픔 담아
향로봉 옹달샘 흘러
남으로 겨레 하나이듯
본디 한
줄기 험한 고개
탓에 동해로
내설악으로 갈라져
지명 바뀔 날을

금강 1
– 강변 풍경

엄청난 수량 보洑
넘치고 밀려들어 단숨에
쓸어버릴 기세 죽
늘어서 낚시 열중하는
기껏 피라미 잡으며
분위기 숙연해 거둔
것이라야 썰렁한
시멘트 바닥 나란히
입 벌린

불거지보다 작고 마른
열 마리 남짓 프라이팬에
도리뱅뱅이 별미라면서
침 삼켜 한길 나와
호객하는 그냥 가면
이죽거려 포장마차
놀부댁 보얗게

기름진 빰 저녁
물안개 피어올라

금강 2
– 절규

건너 굴다리 지나
즐비한 횟집 수족관
치어 바글거려
조금 더 살자고
아귀다툼 벌이는
밟고 밟히고
여럿 떠다녀

그물 상할까 봐
등지느러미 모조리
삭둑 중심잡기 어렵고
가눌 힘조차
최후 시위 행렬도
유리벽 부딪혀
소리 없는 울림만

금강 3
– 널다리 건너며

떠받치는 지지대 적은
널다리 용기 내어
두세 걸음 옮기자 휘청
출렁거려 어지럽고
도저히 떨어지지 않는
인생살이 물러설 때도

맞은편 바구니 소녀
주전자 이고 과자류며
음료수 양손 잔뜩
구름 밟듯 오기가
치밀어 구부정하지만
힘껏 밧줄 잡고
한복판으로

판자 사이와 옹이구멍
아래 닥치는 대로

집어삼키려고 혓바닥을
날름대며 거칠게 흘러
공포 두려움 참고
가까스로 강 건너자
슬며시 간사한
대가리 쳐들어

용유도 다녀와서

귀 기울이면 바람
타고 조기 떼 소리가
신호 주고받는지
세勢 과시인지
일제히 합창 고된
여정에 지쳐
한숨 아닌가.

파도 맞춰 배도
사람도 높고 낮게 좌우로
우두커니 수평선을
홀연 주욱 당기는
우럭 바동거려
끝없는 탐욕 형제
살점 덥석 물고

바다 1

– 무의도의 봄

바람 선득 고랑마다
깊이 패여 기름진
개펄 달 다 찬
부풀어 올라
파헤쳐진 산 황량한
갈색 새 쓰라린
돌 오르락내리락

거룻배라도 보이면
짙은 안개 바다로
놀리고 힐끗거리고
소리쳐 다가오는
그리움 또
하얗게 부서져
사그라지다.

바다 2
– 일탈逸脫

아기씨 바다를 고운
무늬 마당으로 아세요
날기 시원찮은데
꽃밭 돌아다니지
꿈 젖으면 수평선
너머 갈 수 있을라나
앉으려다
화들짝 날아올라

인당수 맴도는 청이의
넋 달래는 의식인가
나비는 경계 넘나들며
어설프고 아슬한
곡예 하다가 성긴
철쭉 바위 꽤 멀어
우아한 춤사위와
다른 몸짓
필사적이다.

바다 3

– 갈매기의 꿈

파도 박자 내맡겨
절인 발로
온 바다 움키고
날카롭게 멀리
뚫어져라 쳐다봐

푼돈 동냥하듯
새우깡 던져
정확히 낚아채
바람에 날리자
앞 다퉈 몰리고

희롱 당해도 달리는
배 뒤따라 피멍
맺히도록 절규하며
종일 날갯짓 허덕이다
서산 금빛 걸칠

날개만 한 몸뚱이 끌어
은밀히
부리 닦고 해갈하는
곳은 모른다.

바다 4

– 고독한 섬

물 두 번 건너니
낚시꾼들 대 접어
가버리고 등대 홀로
고기 몸부림쳐
생동生動
손을 타고

구름 벗어나 스스로
태워 장엄하게
물들이며 가라앉아
금빛 반짝이는 너른
마당 드문드문
검은 점 떠서

찬 가을바람 스쳐
무리 짓던 새 깃들일
떠나는 배 부딪히는

거친 아쉬움을 포구에
불 한둘 따스해져도
사위어 가는 노을 젖어
모두 말없이 늘
섬은 외롭다.

아무도 밟지 않은

– 희망의 언덕

지리산 깊은 골짝
심한 비탈 후미진
구석 억새 구부러지고
꺾여 주검 같아도

볕 잘 들지 않고
무서리 내리는
숱한 밤 묵묵히
황갈색
이삭 패다.

남도 1
– 동백꽃

먼 봄 그림자
바닷바람 매섭기만
윤기 넘치는 상록 사이로
애타게 그리는 갓
열일곱 처녀 홍조보다
훨씬 짙은
순정한 사랑 듬뿍
나그네 붙잡아

화사한 새색시야
소복 검은 정장은
죽음 떠올라
생각조차 싫을
임 잃은 물망초여
슬퍼하지 마라 활활
타오르는 정념
기다리면

남도 2

– 여수旅愁

동양 나폴리로 널리
항도 오랜만에
옛집 그리워 왔다갔다
지도마저 바뀌어
발길 돌리려 해도

한참 층계 올라가
볕 잘 드는 언덕
관사 그림같이
시내 한눈에 손질된
뜰 동백 줄지어
진홍 비롯해 다채로운
돌담 넝쿨 뒤덮고

어둠 얼어버린
부두 바람 드세게
줄마다 집어등 달린

소형선 크게 흔들려
비틀거리며
완강히 버티지만
넘어갈 듯 목마른
벗 재촉해

박쥐사냥

여름날 땅거미 지고
어둑하여 꼬맹이
대여섯 소리 죽여
세병관* 처마 향해
거꾸로 줄줄이 시커먼
박쥐 잠 막 깰 때
절호의 기회라

헌 장화 빙빙 돌려
더 세게 젖 먹던
힘 다해 높이 던져라
요행히 맞아 움찔
동시에 손전등 새하얀
불 비춰 그만 놀라서
정신없이 나락으로

잡기 어려워도
놀이 밤늦도록 네가
비행술 뽐내지만
한번 빠지면 구겨져
후진 안 될 걸
간 큰 녀석 손 넣어
오랏줄 받으렷다.

---

* 경남 통영시 문화동에 있는 국보 제305호다. 이 건물은 1603년(선조 36) 충무공의 전공을 기리기 위해 통제사 이경준이 세웠다. 왜구의 침략을 막기 위해 설치했던 삼도수군통제사영의 중심 건물로 궐패를 모시고 출전하는 군사들이 출사 의식을 거행하던 곳이다. 승전 후, 충무공이 칼을 씻은 데라고 전한다.

욕지도欲知島 1

– 섬

엷은 안개가
갯내 비릿하여
바람 타고 갈매기
놀며 깃발 올린
고깃배 포구로

그리움 싣고
여객선 숨 가삐
점점
도렷이 다가오는

멀리 떨어져
몸소 임 찾으러
남세스러운
섬에 섬 뒤 숨어도
애가 타서
거뭇하여

욕지도欲知島 2
– 때로는 몽상을

수평선 너머 궁금해
새벽 바다 찬란한
빛 좇아 마냥
헤엄치다가 뒤를
길이
가물거리네.

백일몽 꾸어도
해는 닿을 수 없는
절망하여 다가올
삶 겁먹고
여린 가슴
오래 앓다*

---

* 섬의 이름을 소재로 하여 청소년기에 누구나 한번 이상 경험했을 황당무계한 생각을 형상화하였다.

연화도蓮花島
– 악몽

물장구치는 아이들도
피하는 소용돌이
어린 남매 빠져
꽃으로 감싸 안듯*
바위 솟아

탁 트여 자주 가는
마을 앞바다 훍구**
물 돌고
동심원 커져
우주가 돌아

---

* 통영에서 배를 타고 40분쯤 가면 경관이 매우 뛰어난 욕지도에 도착하는데, 그 옆에 불교 설화가 깃든 연화도가 있다. 여기서는 전래 설화를 약간 변형하여 제재로 삼았다.
* 아마도 모래 구덩이의 줄임말일 듯싶다.

헛디뎌
심연 추락하는
꿈 꿔
잠 설치기
일쑤다.

단동에서

끊어진 압록 철교
그때 생이별하는
아비규환 소리 없이
귓전 때리고

금강산에서와 다른
거리 두고 손 흔들어
동포들 강가 앉기도
일하기도 굳은 표정
경계하는 연출로 비쳐
건너뛰면 닿을
배 신음하며 돌리는데
열렬히 흰 깃발 휘젓는
청년 옆 까까머리가

물기어린 눈 가슴
숯 되어 애써 외면하고

선물 꾸러미와
자전거 가져 올
그리던
할배 기다렸건만

고려인 길잡이 박작산의
일번 보루 밑이
국경 철책 길게 고요
깨뜨리는 그림자 금세
미루나무 끼고 사라져
수천 리 에돌아
땀범벅으로 고작
파수창把守窓 디밀어
북녘 바라보다니

Ⅱ 염원, 감성

그 강을 건너고 싶다

백발 흩날려 가지에
눈물덩이 소복이 세찬
바람 동토 할퀴고 때려
봄소식 아득 옷깃
세우고 계단 가파른
태풍전망대 올라

능선 따라 철책이 또
있고 줄기차게 왕왕거리는
스피커 그치자 오싹한
고요 지배하는 엄폐하여
서로 총 겨누어 숨
막히는 긴장 불안 커져만
독 오른 살기 잔뜩
조여 와

의정부 어느 병원의
의사 남편 둔 유복한
삼십대 여인 며칠 전
북으로 첫 난관 넘는
순간 붙들렸다고
아버지 유언이었을까

축소 모형판 보면
거리란 더 이상
존재하지 않을
모순이므로 그날엔
얼어붙은
가슴 펴고 당당히
느릿느릿
밟고 건너리라.

착각

후드득 빗방울 듣는
가지 사이 바르르 떨림 엿봅니다
여린 박새 물기 터는 듯싶습니다
찬찬히 보니 허상이군요
바람이 그림자 흔드나 봅니다
아! 잎새 흔들리는 소리
잦아들며
귀를 적십니다

다짐

나이 들어 전성기나
떠올리기 싫은
기억을 과거 회귀란
아지랑이 욕망의
서글픈 보상인가

들춰내 꾸미고
부풀려 봐야 속만
비웃음 사지 말고
하루라도
다박솔같이

춘향과 방자

절개 수난의 상징
춘향이야 신분 벽 부딪혀
죄라면 수청 거부로
곤장 맞고 고문당하고
칼 쓴 채 흐느껴 우나
극복하여 정경부인 되니
옥살이 고초 달기만 한데
도대체 성도 이름도
존재조차 모르면서
속도 좋지
연애편지 심부름이나
줏대 없이
히죽거리는 철부지라
에이, 천한 것
죽어도 방자다.

찬가

생애 거의 명부* 갇혀
지긋지긋한
굼벵이 벗어나자
장마 소나기가
고스란히 젖어
흐느낄 수도 없지만
바람 시원한 맑고 밝은
순간마다 차고
넘치는 열락悅樂을
죽도록 노래하리.

---

* 저승, 황천. 여기서는 땅 속을 가리킴.

이별이란

사랑할수록 거리
두어 성숙하게 되기를
미움 갈등 폭발하여
가까이 다가서려고
붙잡으려 해도
돌아서는 뒷모습만

배밭 뭉게구름 피어
환한 얼굴 끈적이는
손 잡았던 낱낱이
머물고 싶은 달콤한
추억 훈풍이
꽃 어루만질
그때 놓아 주마.

실연失戀

한번은 겪게 될
우연히 만나
설레기도 두근거리기도
그러다 헤어져

이루어져야 사랑인데
한숨짓고 나날 뒤척이다가
히말라야 동굴 깊숙이
마르지 않는 청춘
샘 벌컥벌컥 들이켜
되돌아가도 식어버린

생각나서 저미는
가슴 잊지 못하면
달래고 추슬러
나르시시스트*로
살아야지.

---

* 자기애주의자自己愛主義者. 자기 자신을 사랑하거나, 훌륭하다고 여기는 사람.

현혹 · 집착

판자 담에 길게
리어카 바짝 기대어
바퀴 누가 건드렸는지
실실 헛돌기만
얼빠져 물끄러미
보는 나와 지난
시절 매인 너 바랜
사진 인물처럼
조금 어리숭하다.

존재라는

겨울나무 이웃과
헐벗은 가지 걸쳐
온기 나눔을
심술 피워 자욱한
미로 속 가두어

시련은 올무와
질곡 감내하므로
망울 터트리고
존재로
귀결된다.

욕망과 사랑은

시멘트 벽 좁은
구멍 박새 정장을
하고 들여다봐 이어
참새 갸웃거리다
꽂히는 눈초리
호들갑스레 달아나

절대 돌아보지 말라
금기 어기면 죽음
무한 호기심 때문에
소금기둥 된 롯의
아내* 어머니는 진정
사람답다.

갈색 윤기 흐르는
족제비 둘 서로
비벼 잊었던 뭉클한

사랑 재빨리
화단 돌 틈으로
꼬리 감추다.

---

* 구약 성경에 나오는 타락한 소돔과 고모라, 하나님의 도움으로 그 곳을 탈출한 의인義人 롯에 관한 기사.

사랑 절실할

창백한 구조물 전선
마구 뒤엉켜 질식할
황사 바람 쉴 새 없이
벽걸이 천 너풀너풀
암흑 속 긴
차량 불빛 팽팽히
기운찬 타래로

앙상한 나무 타고
새소리 희미하여
적막한 골목
가로등 비죽

배추 한 포기씩 안은
가난한 가슴들 웃으며
입김은 천사 나팔소리
하얗게 퍼지고

탑 위 청록의
네온 십자가에
함박눈 쏟아져

추석 전야
– 샌드위치 데이트

소슬바람 조각구름 젖혀 힘찬 빛살 고소한 내 자극하는 한가위 전날 초저녁 과외 마친 아이들 푸르스름한 정적 밟고 꼬부랑 골목 오를 때 난데없이 초가 옆 머리 빗어 내려 얼굴 가린 눈부신 소복 앗, 귀신이다! 다 얼어붙어 다행히 스쳐 지나가 가슴 쓸고 빠져 나와서야 꽉 쥔 손 놓는다 평소 두 볼 홍조 핀 도꽃말* 계집애 어깨 멘 투박한 구호품 가방 부스럭거려 깊숙이 야무지게 싼 신문지 뭉치 생전 처음 보는 차례상 오를 애 머리만 한 큰 사과 백열등 아래 빨개져 뜸들이다가 어색한 미소 기어드는 소리로 “이거 …… ” 눈치 보고 망설이는데 오른쪽의 경아 두려움 감추고 툭 내뱉는 “받지 뭐해.” “응…… ” 혼란스러운 결정하라는 무언의 ‘그래도 네가…… ’ 풋사랑? 질투? 묘한 회오리 세찬 파도 격정적으로 잡

힐 듯 아스라이 사라지는

---

* 서울 이문동 근처의 지명地名. 도꼬마리는 국화과의 일년초로 들이나 길가에 절로 나는데, 열매에는 갈고리 모양의 가시가 있어 무엇에 닿으면 잘 달라붙는 식물이다. 이처럼 시비가 나면 붙어서 끝장을 보고 마는 지독하고 강인한 성향을 지닌 사람들이 모여 사는 곳을 이르게 된 것이리라. 이 마을 사람 둘이면 맨손으로 호랑이도 때려잡는다는 전설이 남아 있다.

III 종교, 자연

우주나무

한 그루 나무
언제나 내 곁 서서
한참 올려다보아야
가지가 가마아득하게

처음부터 존재했을
우화 속 거목*
헤아릴 수 없는
잎 세상 덮고 넉넉한
그늘 편안한
쉼터 마련하여
폭풍 휘몰아쳐도
온몸으로 막아

살 갉아먹고
보혈 빨아 기생하는
벌레보다 못한

한 그루 나무
언제나 내 곁 서서
사랑을 거저
주기만 합니다.

---

* 〈장자〉 인간세人間世에 나오는 이야기를 참조함.

가을 사생寫生

저무는 가을 핑계로 가곡리 들어섭니다 실은 무작정 안기려는 거지요 언제든 대자연과 호흡하면 맑아집니다 그런데 인간은 주변 세계Leben' s Welt를 돌아보지 않습니다 얹혀사는 빚을 갚기는커녕 파괴하고 소유하려고만 하는 엄청난 힘 지니고도 소리 죽여 겸손히 가는 물 순간 낚싯대 덜컥 내달려 급한 숨 몰아쉬는 녀석 동자 굴려 올려다보더니 영원한 속박이란 없다 점잖게 타이르며 훌훌 털고 멀리 달아나네요 볕이 좋고 돌 아른아른 동산 잇대어 높고 깨끗한 하늘 다 두고 큰 비로 어지러이 나무에 널린 넝마 배경 삼아 아! 사색하는 외다리 백로

쏘 가 리

용궁 부름 받아
깊은 데서 솟구쳐
용맹 떨쳐 멋진
얼룩무늬 훈장
갑옷 입고

사람 피해
밤 나들이 즐기고
뛰어난 사냥꾼이
돌 밑 박고
수도승인 척

터 더럽히는 센
놈이든 외래종이든
왕자답게
날이란 다 세워 꽁지
빠지도록 내빼게

바다로의 꿈
접었다고 함부로
포박하려 들면
거칠고 완강한
구속도
굴종도 싫다.

별 · 바람 · 강

성큼 다가온 하늘 포근하고
촘촘히 보석 이야기 수놓아
하늬바람은 야윈 갈대
모질어지게 다독여 조촐한
회백색 잔치를 가에 나무로
지은 집 '흐르는 강물처럼'
시려도 눈길 감칠맛 앗아간
어눔 맞서
적막 깨뜨리며 날 새도록
우르릉거리다.

거미 1

생존 놀이라곤
오로지 줄타기밖에
낯선 플라스틱
조화造花 가려
그물 보일 듯 말 듯
적막하고 메말라
숨막히는 전율이
바스락
기척 있어도
살기 번득여

거미 2

– 삶

한 구석 장식할
감각 없어 다사로운
눈길 모르는 꽃을
제 왕국이라고
희미하게 그어
범하지 말란다.

막막한 복도
어둠 짓눌러
힘겹고 주린
배 납작
엎드리지만

거센 비 몰아치는
벅찬 적과 혈투도
잊혀진 전설 되어
잔바람 망網 흔들자

풀린 다리
억지로 세운다.

자목련

겨우내 죽음과
벗하다가 대지 뚫고
여기저기
치열한 삶의
노래를

된바람 세차게
둔덕 아래 꿋꿋이
고개 들고
소담스레
봉오리 맺혀

꽃샘추위
눈보라 휘몰아쳐
터지고 찢겨
피가
배어나와

새

꽃 피기 이른
나무 존재하여

한 줌 무게 없을
새벽 전령은 고개
들어 하늘 보고

채 가시지 않은
어스름 속으로
흉내 어렵고
오묘한
가락 환청만

새와 나무

곱게 차리니 새가
찾아와 인연 맺고
잉태의
서곡 맞춰 흔들려
작지만 깊은
여운이

필연

가지에 고운
새 앉자
떨며 맞아

바람 거세져
잠시 숨 고르다
그림자도 남기지
않고 스치듯

어제 머문
자리 텅 비어
다른 데 사나운
때까치가

화려한 군무
내일 기약하고
꽃비는
날린다.

나무 1

늦가을 나무
햇살 느긋이 쬐며
손 모아 빌기를
갑자기 어둑하여
거센 비바람 사정없이
흔들어대

사무치는
애꿎은 산까지
온통 사르고
결국
나신裸身 서릿발과
맞서다

나무 2

세상 꽁꽁 얼릴 혹한 산 그림자 깔리자 눈꽃 지우는 칼바람 숨 쉴 틈 없이 바싹 마른 잎 하나 달고 비틀거리지만 잔뜩 독 올라 꼬챙이란 빳빳이 다 쳐들고 꿈에도 봄 기척 끝없이 더듬는다.

가을산

활기 가득
도토리 거추장스런
옷 벗고 톡 맑은
붓털 다 세워
날카로운 청설모
빤히 나를
이내 재롱부려

고독한 대로
좋은 숲 바람은
나무 간질여
하릴없이 춤추기보다
파란 호수와
그림자
어울리고 싶다.

단풍 1

임 기다리는
진저리 나 태워
재조차
남기지 말자

얄궂은 장단에
팔락이다가
끝없이 나락으로
뒹굴겠지

또 다짐하건만
올 가을
주홍보다 붉게
다시
사랑할 거야.

단풍 2

조물주 장난인가
실수인가 남국의
상록으로 내버려두지
산, 산, 산 고운
날염을 탄성 터지고
넋 잃고 어른
아이 모두가

비우는 멋

우뚝 서기 어린
삼각산 봉 하나
나무가 가려 온전한
모습 아니어도
기막힌 차라리
눈 감자

멀리 희미하게
보이는 대로 자연
공간 어우러져
서서히 차오르는
비움의
가르침인가.

황금산

– 산정山頂

짙은 스모그 온통
뒤덮어 부옇고
잿빛 하늘에
눈 닿는 나무들마다
밑동만
성긴 숲이

저 아래 한 그루
오리나무 쓸쓸히
보기 어려운
방울새 볕 쬐며
맑고 푸른
곡조로

줄 서야만

줄 세워 우열
가리고 등급 매겨
드러나지 않는
다시 세워
못난 놈은 헐값으로
팔리거나 도태된다.

발버둥쳐 봤자 강제된
처음부터 선택 내 몫 아닌
금지선 벗어나면 검은
장부 올라 낙인 찍혀
목숨 위태로운데도
반듯이 서라고

맨 앞에 서려는
솟구치는 욕망 제치고
쓰러뜨리고 짓밟고

살아남기 위해
자꾸
최면을 건다.

북어

며칠째 지루한 냉기 두른 우편함 고향신문들. 실내 테라스에 단말마 비명 내지르고 눈 부릅 뜬 채 무말랭이 깔고 나뒹구는 시간 멈추어버린 대가리 대여섯은 플라스틱 그릇과는 잔인하고 낯선 부조화다. 겨레의 오랜 반려. 펄펄 끓여 시원한 국물 속 풀어주고 버릴 것 없이 밥상 올라 친하여 별명 여럿이다. 고되기만 한 시집살이 밤늦게 들어와 미운 지아비 새댁 설움 북받쳐 눈물 뚝뚝 듣는 방망이로 마구 두들겨 패도 아이들 발로 차고 괭이가 물고 돌아다녀도 북북 찢겨도 좋다. 하지만 인제는 설 직전으레 아버지 손의 새끼 꿴 그 비싼 대구보다 귀하다. 살 파고드는 진부령 눈보라 휘몰아쳐도 얼었다 녹았다 뒤틀리며 온몸으로 이겨내 독한 멋!

후기

일상 탈출은 현대인의 본능적 꿈이리라. 한때 낚시가 취미였다. 경치가 뛰어난 단양, 영월 인근은 눈에 선하다. 여행을 겸해 주말에는 산천을 누볐고 멀리 남도까지 다녀오기도 했다.

자연과 무언의 대화를 나누고 몰입할수록 초라하고 무기력한 자신을 발견하게 된다. 대자연의 알 수 없는 깊이와 경이로움에 새삼 고개가 숙여진다. 시집은 주로 자연과 사물, 삶과의 관련에 대한 느낌을 정리한 것이다. 많은 사람들과의 만남, 이야기들은 소중한 문학적 체험이다.

전부터 송강 정철의 가사 작품이나 익재 이제현의 기행 시紀行詩—사실은 시가 아니라 사詞이지만— 등을 읽으면서 옛 선비들의 이런 정신을 얼마라도 계승하고 싶은 욕구가 있었다.

누구나 언어의 고정된 틀 안에서 자유롭기를 원한다. 구절을 해체하여 재구성하기를 되풀이하면 어느 정도 참신한 표현이 찾아질 것 같기도 했다. 그러나 기대만큼 충족되지 못하였다. 겪어야 할 의례인가보다. 이를 통해 내 삶의 제1막은 정리된 셈이다. 첫 시집이어서 부끄럽기만 하다. 다만 사라져가는 정경을 떠올리고 공감하는 이가 있다면 다행이다.

오늘도 격리된 채 소외되고 힘든 시간을 보내며, 아이처럼 생각하고 행동하는 수많은 천사 친구들에게 이 시를 바친다. 시가 위로가 되고 소통하는 길이 된다면 좋을 듯 싶다.

2011년 10월

신내동에서 지은이 올림

만나고 나누고 박병욱 시집

펴낸날 : 서기 2011년 12월 20일 초판 1쇄
지은이 : 박병욱
펴낸이 : 현상선
펴낸곳 : **도서출판 비움과 채움**
㉾132-792 서울시 도봉구 창4동 807
쌍용상가 2층 213호
전화 : 02-999-0053 전송: 02-998-3622
전자주소 : 72ranto@paran.com
등록 : 제7-281호 (2004. 6. 7.)
ISBN 978-89-93104-22-6 03810

값 7,000원